GALERIE UNIVERSELLE

DES HOMMES QUI SE SONT ILLUSTRÉS

DANS L'EMPIRE DES LETTRES,

GRANDS MINISTRES,

DES HOMMES D'ÉTAT LES PLUS DISTINGUÉS,

ET DES FEMMES CÉLÈBRES,

Depuis le commencement du Monde jusqu'à nos jours;

Ornée de leurs Portraits,

DÉDIÉE ET PRÉSENTÉE AU ROI.

Prix 4 livres.

N.º 17.º

C'est en les comparant qu'on peut mieux les connoître.

A PARIS,

Chez l'Auteur, M. DE LA PLATIERE, rue de Malte, près celle du
Chemin de Ménil-Montant.

M. DCC. LXXXVIII.

Avec Approbation, & Privilège du Roi.

LE CAPITAINE COOK.

GALERIE
UNIVERSELLE.

LE CAPITAINE COOK.

Si, dans les jours de la discorde, la vue d'un champ de bataille nous offre des scenes terribles (1), le théâtre immense des mers nous présente, à son

---

(1) La guerre est un objet de spéculation : qui en douteroit aujourd'hui, lorsqu'on voit des Souverains vendre leurs Sujets pour soutenir des intérêts qui leur sont étrangers, & dépeupler ainsi leurs Etats pour un peu d'or qu'un faste mal-entendu absorbe bientôt. La Germanie est devenue le point de ralliement où se recrutent ses armées désastreuses, qui portent le ravage jusques dans le Nouveau-Monde. Le fer & le feu sont les seuls agens qui font mouvoir ces automates qu'on appelle de nos jours des *Soldats*. De vils embaucheurs les arrachent à des familles éplorées, &

A

tour, un fpectacle bien plus impofant, & trop fouvent même des cataftrophes encore plus épouvanta-
bles. Horace eut raifon de le dire ; celui qui le
premier ofa s'embarquer fur un frêle vaiffeau, &
confier la deftinée de fes jours aux flots inconftans
de la mer, avoit reçu de la nature une ame inac-
ceffible à la crainte, & un cœur cuiraffé d'un triple
airain. En effet, tranfportons-nous par la penfée fur
ce théâtre redoutable, où la puiffance infinie du

leur apprennent méthodiquement l'art de tuer des hommes. Bientôt la
licence des camps, ou l'oifiveté des garnifons, rachevent de corrompre
ces malheureux. O honte de ma Patrie ! qu'eft devenu cet efprit cheva-
lerefque qui régnoit dans nos anciennes bandes ? *Bayard, Crillon,* noms
facrés ! de votre temps aviliffoit-on vos Compagnons d'armes par des
châtimens flétriffans ? Un Soldat François rempliffoit-il alors, par une
fervile crainte, les devoirs d'un état qui fera toujours le premier ou le
dernier de tous, chez une Nation civilifée ? Ames ferfs, qui commandez
fouvent plus par le vent de la faveur que par un mérite reconnu, ne fuc-
combez-vous pas fous le poids des remords, d'avoir ofé propofer de punir
des Officiers François par des fers ? ..... Hommes à courte vue, ambitieux
à fyftêmes, tremblez ; la Nation va confondre vos menées, & détruire
pour jamais une autorité auffi barbare dans fes principes, que dangereufe
dans fes réfultats. Mais ne fouillons pas plus long-temps notre plume
par des détails qui font horreur ; le mépris de tous les Militaires François
pour de pareils novateurs, eft la digne récompenfe de leur préfomption.
O Cook ! homme vraiment immortel, tu aimois, toi, tes Soldats, &
la feule récompenfe digne de ton humanité, fut d'en être adoré.

fouverain dominateur fe manifefte avec tant d'énergie ;
c'eft là que le courage le plus audacieux fléchit fous
le poids de cette force invincible qui frappe les
élémens avec une verge de fer ; c'eft en ces lieux
éloignés de la demeure des hommes, que nous ap-
prenons à connoître notre foiblesse & notre fragile
exiftence, lorfque renverfés fous les coups dévorans
de la tempête, nous élevons nos mains tremblantes
vers celui qui la gouverne à fa volonté ; c'eft en ces
lieux que nous pouvons nous flatter de voir jouer
les grandes fcenes de la nature : l'intrépide Cook
les a toutes vues ; il en a bravé mille fois les dangers.
Auffi pouvons-nous dire que fes travaux inouis ne
s'effaceront jamais de la mémoire des hommes, &
que la poftérité ravie les citera comme l'époque la
plus diftinguée de notre fiecle.

Dévoilons au grand jour une vérité dont nous ne
fommes peut-être pas bien convaincus, & fachons
avouer que jufqu'à ces époques mémorables, nous
ne connoiffions pas trop encore notre propre habi-
tation, je veux dire cette terre qui fembloit devoir
être le premier objet de nos obfervations & de notre
étude. La marche des fciences étendue & rapide,
dès le moment de leur renaiffance, ne fut pas toujours

égale dans ses progrès. La navigation sur-tout, la navigation qui, dirigée par la bienveillance & l'équité, devient si précieuse à la géographie, à la connoissance des productions de la nature, à l'astronomie elle-même, & au bonheur du genre humain, le diroit-on, qu'elle auroit été négligée au point que trois siecles presqu'écoulés depuis les expéditions immortelles de Colomb, de Magellan, ont à peine fourni treize voyages autour du monde, & quelques tentatives particulieres dans la Mer Pacifique ? Bien plus, ne remarque-t-on pas que cet esprit de découvertes, si peu fécond en entreprises, n'eut que l'ambition pour objet; & que de ce petit nombre encore, il en fut beaucoup qui se terminerent sans fruit ? On doit seulement distinguer parmi les Pilotes fameux qui les conduisirent, les Meneses, les Alvarado, les Torres, les Mendana, les Jean Fernandes, les Quiros, les Schouten, les Lemaire, les Tasman, les Dampierre & les Roggevin, qui mériterent la couronne nautique pour les découvertes nombreuses qu'ils firent sur le vaste Océan du Sud. Ce fut sur la fin du dernier siecle qu'un zele vrai pour les sciences attira quelques Philosophes aux courses périlleuses de la navigation. Halley, le grand Halley, disciple

& ami de Newton, Aftronome & Marin tout enfemble, fut le premier à s'y montrer avec des idées
plus relevées, des connoiffances plus étendues : fon
plan embraffoit plus d'objets, & fes recherches pré-
cieufes, foit fur les longitudes, foit fur les décli-
naifons de l'aiguille aimantée, ajouterent à la fcience
maritime des méthodes favantes par fes calculs des
tables aftronomiques, & la fameufe carte des varia-
tions. A-peu-près dans ce même temps, des Mathé-
maticiens célebres, des Botaniftes infatigables furent
envoyés dans les différentes régions de l'Inde, de
l'Afrique & de l'Amérique, fous les aufpices de
Louis-le-Grand. Aux ordres de Louis XV, les Aca-
démiciens François parcoururent les climats de la
zône torride & du cercle polaire, pour déterminer
la figure de la terre. Entraîné par les charmes attachés
à l'étude des cieux, l'illuftre Abbé de la Caille fut
chercher un nouvel horifon fous l'hémifphere méridional, où, dans le court efpace de deux années,
il obferva la pofition de deux mille huit cents étoiles
qui nous étoient inconnues. Quelques expéditions
au nord de l'Océan Pacifique & de l'Atlantique,
fur les deux côtes du Nouveau-Monde, firent honneur
aux Gouvernemens de la Ruffie & de l'Angleterre.

Enfin on compte encore de nos jours un petit nombre de voyages entrepris par les Anglois & par les François; ils en rapporterent des observations météorologiques, des observations sur les longitudes, & des découvertes qui méritent une place distinguée parmi les grandes choses que nous devons aux efforts de l'esprit humain.

Georges III, Prince véritablement Philosophe, & par l'étendue de ses lumieres, & par les vues sublimes qui président à toutes ses actions; Georges III choisit Jacques Cook pour achever le grand ouvrage de la connoissance du globe. Il lui ordonne d'embrasser lui seul les différentes routes des trois voyages qu'il venoit de faire exécuter autour du monde par les Capitaines Biron, Wallis & Carteret, & après avoir parcouru toutes les mers dans la direction d'orient en occident, de s'élever ensuite jusqu'aux plus hautes latitudes de l'un & de l'autre pôle. Telle est la tâche assignée au Navigateur qui réunit les avantages de l'expérience à la grandeur du courage, & aux connoissances universelles de son état.

Charlotte qui, avec un cœur bienfaisant & un esprit orné de tout l'éclat des sciences, donne encore sur le trône le spectacle touchant des vertus domestiques; Charlotte appelle un illuſtre Naturaliſte de Geneve, M. Jean-André de Luc; elle l'invite à parcourir les côtes & les plaines, les collines & les grandes chaînes de toutes les montagnes de l'Europe, pour obſerver la nature dans ſes laboratoires les plus ſecrets, & c'eſt la portion qui eſt échue au Phyſicien le plus capable de fouiller avec ſuccès dans ce vaſte champ, & de ſatisfaire l'attente générale.

Le choix de ces deux hommes rares eſt aſſez juſtifié par l'admiration de leur ſiecle. Ils ont reçu l'un & l'autre ces dons précieux du Ciel qui préparent le ſuccès des entrepriſes les plus difficiles. Ils poſſedent au même degré cette fermeté d'ame que la vue des dangers ne peut abattre, cette vigueur de corps que les fatigues & les courſes ne ſauroient affoiblir. Ils ont tous les deux cette préſence d'eſprit à laquelle rien n'échappe, & qui ne manque jamais de ces reſſources du moment, qui font ſurmonter les obſtacles inattendus. Ils ont l'un & l'autre toute l'étendue des lumieres néceſſaires à leurs pénibles recherches: ils ſont enfin doués l'un & l'autre de cette aménité de caractere qui attire les cœurs, & dont ils éprouvent les heureuſes influences chez les Peuples ſimples des ifles & les habitans paifibles des montagnes. L'un ofe affronter tous les hafards de la mer à travers les orages & les tempêtes; l'autre marche, fans fe laffer, dans les fentiers les plus âpres, où des événemens non moins périlleux menacent fans ceffe les jours du voyageur. Le Navigateur Anglois s'éleve fur tous les parages, reconnoît toutes les ifles découvertes avant lui, en découvre lui-même prefque autant que les autres Navigateurs enfemble, parvient jufqu'aux extrémités du globe, pénetre bien au-delà du monde habitable, ofe attaquer avec une audace inouie les approches du pôle auftral; tentative prodigieufe qu'on ofoit à peine concevoir, & dont la feule penfée effraie l'imagination; navigue ainfi par différentes alternatives, à travers les glaces qui terminent les deux hémifpheres; découvre dans les mers antarctiques une terre d'un afpect affreux par fes neiges éternelles qui ne fondent jamais, terre profcrite, retraite des monftres marins, où la moindre mouffe ne fauroit croître pour nourrir des infectes; terre de défolation, qui eft véritablement la derniere thulé de notre globe, & qui ne mérite pas d'être comptée pour les limites de la géographie : ainfi, point de continent auftral; les voyages de Cook l'ont démontré,

&

& les tentatives qu'il a faites par l'oueſt juſqu'aux
barrieres du ſeptentrion, ont preſque diſſipé l'eſpoir
d'entrer jamais dans la mer Pacifique, en ſuivant
d'autres routes que celles de l'extrémité méridionale
de l'Amérique.

Le Phyſicien Genevois ſe montre pareillement
infatigable ſur le théâtre majeſtueux des montagnes;
il brave les glaces éternelles de leurs ſommets, les
horreurs de leurs précipices, ſurmonte courageuſè-
ment les chaînes coloſſales des Alpes; école unique,
où l'on peut eſpérer de trouver les vrais principes
de la théorie du globe; là, par ſes travaux immenſes
& ſa maniere admirable d'obſerver, il nous conduit
par la main dans les ruines antiques de la nature
bouleverſée, nous apprend à les diſcerner au milieu
de leur confuſion, à leur aſſigner des places à cha-
cune : ſes obſervations ſont ſi exactes & ſi réitérées,
les méthodes qu'il établit ſont ſi ſolides, les diſcuſ-
ſions ſi lumineuſes, que nous en déduiſons nous-
mêmes les conſéquences. Il nous a fait connoître ce
que fut autrefois ce continent que nous habitons;
le baſſin du vaſte océan, & non l'ouvrage de ſes
opérations lentes & continuées ſur ſes bords. Il nous
a convaincus, par une véritable démonſtration,

B

qu'une cataftrophe terrible força fes eaux à nous l'abandonner, en fe retirant fans retour dans les nouveaux abîmes où le monde ancien s'étoit écroulé.

L'appareil du départ de Cook s'avance, ce n'eft plus que fur lui que doivent fe fixer nos regards.

On s'apperçoit que nous ne venons pas décrire un fimple voyage fur des mers fréquentées, dont les moindres écueils font indiqués fur la carte conductrice ; quelle qu'en fût pour nous l'utilité, nous n'y trouverions rien qui pût exciter notre étonnement. Il s'agit de trois navigations autour du monde, il s'agit des mers inconnues couvertes d'îles baffes, de terres fubmergées, de bancs & de rochers à fleur d'eau. Les marins ordinaires ne fauroient être admis à de pareilles expéditions. Ici le Navigateur le plus expérimenté n'eft pas un moment en repos. Comme il n'y a point de faute légere pour lui, il n'y a point de follicitude femblable à la fiénne. Sa vigilance eft toujours en action, & foit les dangers de la route fans ceffe préfens à fon efprit, foit le gouvernement du vaiffeau, il ne lui eft pas même permis de fe livrer avec fécurité au befoin indifpenfable du fommeil. Quelle fanté de fer ne faut-il pas avoir pour réfifter à ces travaux, & quelles connoiffances aftronomiques ne faut-il pas nécessairement posséder, si l'on veut déterminer sans erreur la position des terres nouvelles qu'on découvre, & ne pas s'exposer à une perte certaine par la fausse estime des routes !

Quels sont les héros de sa race ? il en compte sans doute une longue génération. Ses vertus, ses talens, son intrépidité, peuvent-ils dériver d'une autre source ? Qu'on se détrompe : il naquit pauvre ; & pour nous épargner les recherches, il nous l'apprend lui-même. Ceux qui n'ont rien de plus que le hasard d'une grande naissance pour s'élever à une réputation qui finit avec eux, seront sans doute surpris d'apprendre que cet homme admiré de tout l'univers, ne devint illustre que par lui-même......

Celui qui ne sortit jamais de ses foyers, ne connoît pas l'agitation d'un cœur, lorsqu'à ce moment de départ, les idées d'une longue absence viennent le livrer tout entier aux angoisses mortelles de la mélancolie. Tous les adieux sont faits, chacun tourne encore un tendre regard sur le rivage ; *on fait servir* (1), & le vaisseau cingle à pleines voiles. Déjà

______

(1) Terme de marine, qui signifie qu'on fait entrer le vent dans les voiles.

les objets commencent à fe racourcir, les édifices difparoiffent infenfiblement, bientôt toute la côte ne paroît plus qu'une ombre légere dans le lointain. Les jours & les nuits fe fuccedent, la terre ne fe montre plus d'aucune part, & le fpectacle impofant de la pleine mer fe développe. Des milliers de mortels n'ont jamais vu ce magnifique théâtre où la nature fe montre tour-à-tour majeftueufe & redoutable; comment feroient-ils en état d'apprécier le courage de ceux qui ofent s'y hafarder? Il faudroit au moins leur peindre par la parole fon immenfe étendue, ainfi que le divin Vernet en a peint les autres beautés par l'harmonie des couleurs. Son art magique nous repréfente cette mer fi grande, ornée de toutes les graces qu'elle emprunte de la terre; il fait faire paffer fur la toile toute la fraîcheur du matin, tout l'éclat du foleil couchant & les charmes d'une belle nuit qui fe pare de la douce lumiere de la lune. Il fait ajouter à ces beautés des édifices rians, des ruines majeftueufes, des fcenes agréables, qui forment les premiers groupes du tableau; un lointain gracieux le termine : mais l'imagination enchantée chercheroit en vain la vraie étendue de la furface; elle échappe au pinceau du Raphaël de la marine,

& toutes les expreſſions du langage ne peuvent gueres mieux retracer cette vaſte continuité d'eau qui étonne même l'homme le plus inſtruit, lorſqu'embarqué ſur ce terrible élément, il ne voit plus qu'un horiſon ſans fin, qui ſe renouvelle chaque jour pendant une longue ſuite de mois : & ſans doute, comment peut-on en donner une idée, ſi ce n'eſt par la comparaiſon du temps qui s'écoule avec la longueur des routes qu'on fait ? Qu'on ſe repréſente le vaiſſeau au milieu de ces effrayantes ſolitudes, où, après avoir fait juſqu'à ſoixante-dix lieues par vingt-quatre heures, on ne voit jamais que le même ſpectacle, le ciel & la mer, & toujours le ciel & la mer comme la premiere fois qu'on perdit la terre de vue.

Franchiſſons l'Atlantique, & rendons-nous au détroit de Magellan. C'eſt déjà un très-grand voyage. Il a fallu cent quarante jours à Cook pour cette navigation ; ce n'eſt pas toutefois ce que nous prétendons faire valoir ; que ſeroit-ce auprès de tant d'autres courſes qu'il a ſi glorieuſement terminées ? Paſſons également ſous ſilence tout ce qu'il a fait d'eſſentiel pendant ſa relâche ſur la terre de Feu, de concert avec ſes illuſtres compagnons que les ſciences lui ont aſſociés. Son œil obſervateur a meſuré toutes ces côtes dont nous n'avions que des connoiffances incertaines; & ceux qui viendront après lui n'y trouveront plus les obftacles qu'on redoutoit.

Là font pofées les limites de deux grandes mers; c'eft fur ces parages qu'il quitte un vafte océan pour entrer dans un océan plus vafte encore. Il fe dirige au nord vers les latitudes du Tropique, évitant de fuivre les routes des navigateurs qui l'ont précédé. Les premieres découvertes qu'il fait dans cette direction, font l'ifle du Lagon, terre baffe & habitée, l'ifle du Cap Tramb qu'il ne voit qu'en paffant, l'ifle de l'Arc, remarquable par l'intérieur de fes terres inondées; l'ifle des Oifeaux, qui n'eft peuplée que des feuls habitans des airs, & l'ifle de la Chaîne, qu'il reconnoît être habitée comme les autres. Ces terres ifolées font de nouvelles acquifitions faites à la géographie dans le court intervalle de quelques jours; tant il eft vrai que par-tout où les fciences préfident, elles nous enrichiffent plus dans une feule entreprife, que ne fauroient faire la politique & la valeur guerriere pendant un fiecle de fuccès.

Il eft temps de s'arrêter aux principaux événemens de ce voyage, & de parler de cette ifle fortunée

qu'un Anglois [le Capitaine Wallis] & un François
[M. de Bougainville] ont eu également la gloire
de découvrir. Taïti , la délicieuse Taïti se montre à
ses regards comme un lieu d'hospitalité où le voyageur va oublier ses fatigues passées. Quand le navigateur François mit au jour le riant tableau de cette
isle enchantée , on crut d'abord que , séduit par les
prestiges d'un songe agréable , il en imposoit à son
siecle , après s'en être imposé à lui-même. Rien n'étoit
plus vrai cependant. Le séjour qu'y fait Cook le
confirme , & augmente bien encore les nouveaux
détails que nous desirions sur les mœurs douces &
aimables des habitans de ce pays. Le vaisseau n'est
pas encore arrivé au mouillage , que des milliers de
pirogues ornées de guirlandes de fleurs , & remplies
d'insulaires de tout âge , de tout sexe , voguent
autour de lui aux acclamations de la joie la plus
vive. C'est une espece de triomphe : on s'empresse
à l'envi de toute part. Dans un instant le pont se
trouve couvert de fleurs , de fruits , de provisions
de toute espece. En vain on veut reconnoître par
des présens tant de témoignages de bienveillance ;
ce sont des premiers dons , pour lesquels on ne
demande rien en retour. Pendant une relâche de trois

mois, tous les jours font des jours de fêtes, & les occupations du vaiffeau font pour les équipages un délaffement de leurs plaifirs. L'Arée du pays, c'eft-à-dire, celui qui en eft tout-à-la-fois le défenfeur, le fouverain & le pere, ne quitte plus l'Arée du vaiffeau. Liés tous deux d'une amitié parfaite dès la premiere entrevue, ils tâchent de fe furpaffer à s'en donner des preuves. Les travaux de la forge, ceux du charpentier, tout ce que font les équipages, ainfi que la fymphonie de nos inftrumens de mufique, font les chofes les plus intéreffantes pour le Prince Auftralien & pour fes fujets. A fon tour, le Philofophe Européen eft à chaque inftant plus furpris de trouver les arts agréables déjà connus & affez avancés chez ce peuple. Les heïvas de Taïti nous retracent au naturel les fpectacles dramatiques de l'ancienne Grece. On y rappelle la valeur des héros qui ont défendu la patrie, les travers de l'efprit humain, & les intrigues amoureufes. Tantôt, dans un dialogue vif & précipité, auquel fe mêlent des chants majeftueux & des danfes guerrieres, caractérifées par une trépidation fougueufe & des geftes terribles, on voit au naturel le tumulte & l'horreur des combats. Tantôt, dans des fcenes plus gaies, le mafque de la folie

&

& la verge du ridicule excitent une joie bruyante dans toute l'assemblée. Tantôt une troupe de jeunes filles, mises dans un costume qui semble être fait pour les graces, le front couronné de jasmins, vient occuper le lieu de la scene. Inspirées par l'amour même, elles offrent le tableau des passions différentes qui agitent les cœurs soumis à son empire. Actrices & danseuses tout-à-la-fois, elles varient leurs chants par des danses charmantes qu'elles exécutent au son des timbales & des flûtes. Les Européens étonnés leur adjugent le prix, tant elles sont habiles dans leurs allégories cadencées. On ne cesse d'admirer la variété de leurs mouvemens, où tout est expression ; secousses légeres, repos d'une aimable langueur, ébranlemens rapides, abandon gracieux de bras, sourire enchanteur de la bouche, toujours d'accord avec celui qui se peint dans les yeux, tout porte l'amoureuse ivresse dans les ames ravies. Aimables filles de Terpsicore, elles doivent sans doute la perfection de leur art au tendre sentiment dont elles sont possédées. Ici, comme à Paphos, le culte de l'amour est établi. Au temps prescrit par les usages, les jeunes filles voient arriver leur plus beau jour dans l'appareil d'une fête élégante. Alors conduites

C

par les Prêtreſſes ſur un hôtel champêtre, elles offrent ſolemnellement les prémices de leurs tranſports à la Divinité qui couronne leur flamme.

Des mœurs ſi différentes des nôtres ne peuvent que nous étonner, ſur-tout ſi nous voulons recher-cher l'origine de cette Nation aimable. Qui peut donc l'avoir inſtruite dans l'art de la navigation, & lui avoir appris à ſe guider juſqu'à deux cents lieues loin des terres, par le ſeul aſpect des étoiles? Qui peut lui avoir ſuggéré de donner des noms aux prin-cipales conſtellations? Comment ſe fait-il qu'on y ſait très-bien diſtinguer les cometes, qu'on y connoît leurs longues révolutions, & qu'on y croit les pla-netes habitées? Quel eſt le Fontenelle, comme le dit agréablement le navigateur François; quel eſt le Fontenelle qui a parlé de la pluralité des mondes à ce peuple? Tout ſéduit dans cette iſle; il ſemble que la nature libérale a voulu ſouſtraire ſes habitans à l'anathême commun du travail. Ce n'eſt pas à la culture pénible du froment, ni à ſes longues prépa-rations, qu'ils doivent leur nourriture journelle; un fruit précieux qui a le goût du pain le plus délicat, leur fournit le premier aliment, & ils trouvent autour de leurs foyers tout ce qu'il faut encore à leur ſub-

fiſtance. Heureux comme les oiſeaux du ciel, ils
mangent les fruits de la terre par-tout où ils ſe trouvent, & ils jouiſſent paiſiblement des bienfaits de la
nature qui a tout fait pour eux.....

En quittant Taïti, il va viſiter les iſles qui en ſont
voiſines; il y trouve les mêmes productions, les
mêmes uſages & la même hoſpitalité. Huaheine,
Uliétéa, Otaha, Bolabola, Tubaï & Maurûa forment
cet Archipel qu'il appelle du nom d'iſles de la ſociété.
Qu'il eſt glorieux de donner des noms à la terre! &
qui mieux que Cook en étoit digne? A ſix degrés
de ces iſles, il découvre l'iſle d'Ohëteróa, & c'eſt
ici que finiſſent les beaux jours de ce voyage.

Il ne retrouvera plus cette mer ſi paiſible, qui le
dédommageoit de la longueur des routes, ces vents
ſi favorables qui le ſuivoient conſtamment, ces iſles
ſi bien cultivées, qui lui fourniſſoient des alimens
de toute eſpece, ni ces Nations hoſpitalieres qui l'ac-
cueilloient avec tant de bonté. La ſcene va changer,
& les élémens, comme les Nations, vont multiplier
autour de lui les dangers & les obſtacles.

La Nouvelle Zélande, que Taſman avoit découverte dans le milieu du dernier ſiecle, n'avoit plus
été reconnue par les Européens. On ſait que le navi-

gateur Hollandois n'eut que trop à se plaindre de la perfidie de ses habitans, & que désespérant de les humaniser, il ne vit gueres que le lieu de sa relâche, auquel il donna le nom de Baie des Assassins. Il étoit réservé à un navigateur de notre siecle, de nous faire connoître cette terre importante, & par son étendue, & par ses productions, qui promettent les plus grandes ressources au commerce. Pendant six mois qu'il y passe pour en achever l'entiere circon-navigation, ce n'est pour lui qu'une perplexité continuelle. Des orages qui éclatent subitement, de gros temps qui sont préparés par gradation, exercent non-seulement toute son habileté, mais ils épuisent encore les forces de ses matelots. Si les horreurs du naufrage ne sont pas les mêmes par-tout, c'est ici qu'elles se montrent à l'imagination avec les circonstances les plus effrayantes. On ne peut avoir de plus grande crainte quand on navigue sur cette côte, où l'on ne trouve presque par-tout que des Nations antropophages. Cook l'éprouve à chaque instant; mais ce n'est pas pour lui une raison de se désister de sa glorieuse entreprise. Cette prudence qui le dirige sur les mers, ne l'abandonne pas en ces lieux difficiles. Il entrevoit bientôt toute la valeur de cette contrée heureusement située ; aussi ne la quitte-t-il plus sans l'avoir parcourue sur toutes ses côtes , & quelquefois dans l'intérieur des terres , pour en connoître les productions.

Il faut en convenir , la somme totale du mal ne l'emporte pas sur la mesure du bien dans cette isle immense , qui doit s'élever un jour au plus haut degré de splendeur. Sa position qui , dans l'autre hémisphere , correspond à nos plus beaux climats de l'Europe, annonce l'abondance & la fertilité. Son étendue, de deux cents quatre-vingt lieues du nord au sud , & l'inégalité du terrein coupé par des montagnes & des plaines , promettent une riche variété de productions. Les sables ferrugineux qui s'y rencontrent , décelent la présence du plus utile de tous les métaux ; & indépendamment de ces avantages , la plante de ce lin précieux , qui , par sa blancheur parfaite & son éclat brillant , ne le cede pas à la plus belle soie , pourroit seule en faire une des plus riches contrées de l'univers.

Telle est l'idée que nous pouvons nous former de la Nouvelle Zélande , d'après les observations du Navigateur Philosophe , que nous admirons. Nous avons jeté un coup-d'œil rapide sur les fatigues &

les obſtacles qu'il a ſurmontés ; de plus grandes fatigues & de plus grands obſtacles ſe préparent pour
lui ſur la côte orientale de la Nouvelle-Hollande,
pays d'une ſi vaſte étendue, qu'il mériteroit de porter
le nom de continent. Tranſportons-nous ſur les lieux.

Les fureurs menaçantes de la tempête ne ſont pas
toujours ce qu'il y a de plus dangereux pour un
navigateur ; il eſt à la mer des poſitions plus redou-
tables : c'eſt, par exemple, lorſque naviguant autour
d'une terre inconnue, & le vent tombant tout-à-
coup, il ſe voit *affalé* ſur la côte à la merci des
lames & des courans qui pouſſent ſon vaiſſeau ſur
elle, ſans que les reſſources de l'art puiſſent lui ſervir
dans ce dangereux moment. Ainſi que toutes les iſles
de la mer Pacifique, la Nouvelle-Hollande eſt hé-
riſſée d'écueils de toute eſpece, principalement depuis
la terre de Vandiemen, à ſon extremité méridionale,
juſqu'à ſa partie oppoſée dans un eſpace de côte de
plus de trois cents ſoixante lieues. A quelque diſ-
tance du rivage, regne ſur toute cette longueur un
récif de corail, où l'on rencontre par intervalle des
coupures qui permettent d'approcher du rivage. C'eſt
ce qu'on peut regarder comme une barriere indeſ-
tructible que la nature oppoſe aux flots courroucés

d'une vaste mer. En dehors du récif, les eaux sont
si profondes, qu'on ne peut mouiller l'ancre dans
aucun cas; en dedans, on voit des brisans innombrables *hachés* de toutes les manieres, qui ne permettent de naviguer que la sonde à la main. Le
relévement de cette côte, inconnue jusqu'à nos jours,
exigeoit un habile navigateur; il est dans le plan
de Cook, & Cook l'exécute malgré des périls que
le marin le plus téméraire ne sauroit envisager qu'en
tremblant. On ne peut décrire les accidens multipliés
qui le menacent du naufrage à chaque instant de
cette navigation. Il sait bien se servir, quand il le
faut, de tous les expédiens qu'il est possible de tirer
d'un heureux coup de manœuvre, mais il sait aussi
qu'il sera forcé de renoncer à son projet, s'il ne
donne rien au hasard; & courut-on jamais à la mer
un plus grand hasard que dans cette situation allar-
mante, qui fait une des principales époques de ce
voyage? Il venoit de quitter un lieu de relâche, &
il marchoit à plus de huit lieues loin de la côte, ayant
une mer tranquille & le vent favorable. A cette dis-
tance, quand on ne voit pas des écueils, on ne soup-
çonne gueres qu'il s'en trouve de cachés. Il se livroit
un moment à cette sécurité si nécessaire pour réparer

les fatigues de l'efprit, lorfque tout-à-coup le vaiffeau fe trouve fufpendu fur la pointe d'un rocher taillé en pyramide. Le mouvement des vagues, quoique léger, caufe un *raclement* effroyable qui fait pâlir les plus déterminés. Quelques morceaux de la quille & du doublage qui font emportés & qu'on voit flotter fur la vague, achevent de jeter la confternation dans les efprits. Toutes les reffources font épuifées; on touche au moment de defcendre dans les abîmes, fi le vaiffeau fe remet en flottaifon. Tous perdent efpérance, excepté celui qui commande. Il ranime les cœurs par fon courage; il ordonne & il met lui-même la main à l'œuvre : heureux & mille fois heureux de ce que les vents demeurent en repos, car la moindre tourmente les eût infailliblement engloutis. Enfin, après avoir fait un appareil de derniere extrémité, après des travaux infinis, on vient à bout de dégager le vaiffeau. C'eft-là le moment qu'il redoute; mais la voie d'eau ne gagnant pas fur l'effet des pompes, il fe voit en état d'atteindre un mouillage qui lui permet de mettre fon vaiffeau en carene.

« Telles font, dit-il, les viciffitudes de la vie
» (ce font fes propres expreffions), que nous nous
» crûmes

» crûmes heureux alors d'avoir regagné une situation
» que deux jours auparavant nous étions impatiens
» de quitter. Les rochers & les bancs sont toujours
» dangereux pour les navigateurs, lorsque leur gise-
» ment est déterminé; ils le sont bien davantage dans
» les mers qu'on n'a pas encore parcourues..... D'ail-
» leurs, les lames énormes du vaste océan méridional,
» rencontrant un si grand obstacle, se brisent avec
» une violence inconcevable, & forment une houle
» que les rochers & les tempêtes de l'hémisphere
» septentrional ne peuvent pas produire..... Animés
» cependant par l'espérance de la gloire qui cou-
» ronne les découvertes des navigateurs, nous affron-
» tions gaiement tous les périls ».

Enfin, le voilà parvenu dans le détroit qui sépare
cette vaste contrée de la nouvelle Guinée, & qu'il
appelle le détroit de l'Endéavour, du nom de son
vaisseau. S'il n'a trouvé sur cette étendue de côte
qu'un petit nombre de peuplades errantes, la cause
en est encore inconnue; mais on ne peut l'attribuer
ni au climat ni au sol. On y voit des fleuves & des
ruisseaux, des prairies & des forêts, des bosquets
& des plaines; par-tout une végétation vigoureuse
annonce la fertilité. Située sous les latitudes du

D

Tropique & de la Zone tempérée de l'hémifphere auftral, elle eft faite pour réunir les riches productions de l'Inde & des denrées analogues à celles de nos continens. Un jour viendra que les Nations, mieux éclairées qu'elles ne le font à préfent fur leurs vrais intérêts, profiteront de ces heureufes découvertes qui leur procureront une nouvelle extenfion de richeffes & de puiffance.

C'eft par-là que fe termine tout ce qui peut intéreffer dans ce voyage. Il eft temps que Cook retourne dans fes foyers : il s'y rend par la mer des Indes & l'Atlantique ; ce qui complette le tour du globe, après une navigation de deux ans & neuf mois révolus.

Au point où il en eft, il a atteint la gloire de tous ceux qui l'ont précédé dans une carriere fi périlleufe ; & pour une feconde fois, fon Prince, fa patrie, les fciences, le monde entier, l'appellent à ces entreprifes d'où fi peu de mortels font revenus heureufement. Leur choix, leurs defirs, leurs efpérances font pour lui des ordres qu'il préfere aux douceurs du repos. Il va s'ouvrir de nouvelles routes, il va voir de nouvelles mers, il va fe livrer à de nouvelles fatigues, à de nouveaux dangers ; il va inventer une nouvelle maniere de naviguer ; car ce ne fera

véritablement qu'à l'aide de ses ressources particulieres, qu'il terminera par un heureux succès cette
nouvelle expédition.

Il part. Les sciences attentives comptent les jours
de son absence ; elles voudroient déjà connoître le
résultat de ses courses. L'époque desirée arrive, les
disputes interminables sur l'existence d'un continent
austral vont cesser pour toujours. L'indomptable
navigateur va décider cette question célebre. Son
premier voyage a déjà démontré que ce continent
n'existe pas sous les latitudes moyennes ; voyons-le
dans la tentative inouie qu'il fait sur des paralleles
plus élevés & les plus proches du pôle qu'il soit
possible d'atteindre.

Fiere & capricieuse, la mer sourit quelquefois
au mortel téméraire qui la parcourt ; mais que ce
dédommagement est bien peu de chose pour les allar-
mes continuelles qu'elle lui donne. Cook, parti cette
fois avec deux vaisseaux, s'avance dans les mers antarctiques par la route du Cap de Bonne-Espérance.
Il marche courageusement sur ces mers où jamais
l'art nautique n'avoit conduit aucun pilote. Les premiers jours de sa navigation se passent sans accident ;
mais en s'élevant en latitude, le passage subit d'une

température douce à des zones très-froides , éprouve bientôt les hommes les plus endurcis. Déjà les maladies fe déclarent, les travaux fe multiplient , plus de repos pendant toute la durée de ce voyage. Arrivé fous le quarante-huitieme parallele , une fcene terrible fe prépare au fein des élémens. L'afpect du ciel fe change ; des météores effrayans frappent les bords de l'horifon ; de fombres nuées fe levent ; la clarté du jour fe diffipe ; un bruit fourd fe fait entendre dans la profondeur des abîmes , il reffemble au bruit du tonnerre quand il gronde dans le lointain. Tous les êtres vivans font dans la crainte ; les oifeaux voyageurs qui traverfent alors ces parages , fe précipitent fur le vaiffeau qui fait route ; les animaux domeftiques qui s'y trouvent, pouffent des cris plaintifs ; l'homme agité par le tumulte de fes penfées , fe fouvient qu'il y a un Dieu. Dans un inftant la furface de la mer fe brife ; les vents déchaînés s'annoncent par un rugiffement impétueux ; les vagues foulevées fe roulent en défordre ; femblables à des montagnes amoncelées jufqu'aux cieux , elles fe précipitent les unes fur les autres , & dans ce bouleverfement affreux , leurs bafes deviennent leurs fommets , qui ne s'élevent que pour fe renverfer de nouveau. Ainfi qu'un

Général habile, qui, confervant fa préfence d'efprit
dans les horreurs de la bataille, fait faire prendre à
fon armée des pofitions fi avantageufes, lui fait exécuter des mouvemens fi prompts, qu'il vient enfin à
bout de fixer la victoire fous fes drapeaux; ainfi
l'intrépide Cook, au fort de la tempête, fait con-
ferver le calme de fon ame, & dans cet épouvan-
table cahos où le ciel & la mer paroiffent confondus,
malgré ce déluge de vagues qui remplit l'atmofphere,
malgré les vents & la grêle, le tonnerre & les éclairs
qui fe heurtent autour de lui; malgré que fon vaiffeau
abattu fur les flancs, peut à peine obéir au gouver-
nail, il fait, par les manœuvres hardies de fon art,
fortir victorieux de ce conflit des élémens. Il refpire
pour quelques jours, mais fon repos n'eft pas de
longue durée. Les tempêtes l'attendent encore fur
des latitudes plus élevées; & combien de fois ne
retrouvera-t-il pas ces dangers? A peine fon courage,
ce courage magnanime qui ne l'abandonne jamais,
les aura furmontés, qu'il rencontrera fur fa route de
nouveaux objets de frayeur.

Au cinquantieme parallele, les premieres ifles de
glace qui fe détachent du pôle, commencent à
flotter fur la furface de la mer. A deux degrés plus

au fud, elles fe montrent en nombre prodigieux , & parmi elles on en voit qui, par leur élévation, reffemblent aux édifices de nos villes. Autour de ces ifles flottantes , le danger eft le même que fi l'on étoit près de la terre : le froid perçant qu'on endure, la neige qui tombe en flocons , les vagues qui s'élevent jufqu'aux fommets de ces maffes énormes, ajoutent encore au trifte afpect de ces lieux malheureux. Rien n'arrête Cook. « Ce fpectacle , dit-il lui-même, » fut pour quelque temps agréable à nos yeux ; mais » notre efprit fe remplit d'épouvante & d'horreur » en penfant aux dangers qui nous menaçoient; car » un vaiffeau qui dériveroit du côté du vent d'une » de ces ifles , lorfque les coups de mer font fi hauts, » feroit mis en pieces dans un inftant »..... Cependant il pourfuit gaiement fa route jufqu'au foixante-feptieme degré de latitude , fur lequel il contourne en partie cette zone terrible. Les beaux jours de l'été regnent alors fur cette portion du globe ; mais ils n'offrent rien autre que des torrens de neige , des ifles , des plaines de glace , parmi lefquelles fon vaiffeau fe trouve fouvent engagé. Les voiles, les cordages font couverts de glaçons; le froid rigoureux qui exerce en ces lieux fon éternel empire, laiffe

échapper ſes triſtes émanations dans les airs. Elevées
en brouillards épais, elles dérobent la vue des écueils
flottans; & pour donner plus de vie à ce théatre
d'horreur, la ſaiſon des plaiſirs y ramene des trou-
peaux de baleines, qui viennent y jouer les ſcenes
tumultueuſes de leurs amours. Quelle navigation !
& ce n'eſt que le commencement de la tentative. Il
rétrograde au cinquantieme parallele pour retourner
encore vers le cercle antarctique par des longitudes
différentes. Si, dans cette ſeconde recherche, il lui
faut ſupporter les mêmes peines, quelquefois au
moins des images nouvelles lui font éprouver des
ſentimens conſolateurs. Le Philoſophe a des jouiſ-
ſances par-tout. Ici l'aurore auſtrale vient frapper ſes
regards pour la premiere fois : elle brille au milieu
des nuits ſans obſcurité, déployant dans les cieux
toute la pompe de ſes clartés radieuſes. Tandis que
ſa rivale embellit notre pôle des vives couleurs du
rubis, celle-ci répand ſur les conſtellations méridio-
nales, le doux éclat & le bleu tendre du ſaphir.
Elle ſcintille avec la rapidité de l'éclair, & dans
ſes mouvemens continuels, ſe briſant tantôt en rayons,
ſe montrant tantôt ſous des formes circulaires, elle
préſente à ſon eſprit obſervateur les tableaux les plus

dignes de fon admiration. Telles on voit les rofes fleurir quelquefois au fein des arides rochers, & le voyageur agréablement furpris oublie à leur afpect tout ce qu'il a fouffert dans fa route pénible.

Ici la campagne eft finie : l'hiver qui s'avance à grands pas va fermer les hautes mers du cercle polaire. Cent dix-fept jours écoulés dans des fatigues qu'on ne peut exprimer, trois mille fix cents lieues parcourues au milieu des brouillards épais, parmi les monftres marins & les glaces effroyables de ces parages profcrits, méritent bien le repos qu'il va prendre à la nouvelle Zélande & à Taïti.

L'heure de l'arrivée eft au lever de l'aurore, dont la douce clarté répand des nouveaux charmes fur des fites fi beaux. A cette vue gracieufe, les cœurs des Européens s'épanouiffent, l'image du bonheur fe reproduit pour eux dans les moindres objets. Déjà les paifibles habitans de ces contrées s'élancent dans leurs pirogues, ils viennent aborder les vaiffeaux avec confiance. Le regard plein de bonté, le langage de l'amitié fur la bouche, ils ne ceffent d'exprimer leur furprife par des acclamations de joie. Ils donnent de toutes mains des étoffes de diverfes couleurs, des outils de nacre, des hameçons d'écaille, des pieces

d'ajuftement

d'ajuſtement ornées de plumes brillantes , travaillées avec une élégance qu'on ne ſurpaſſeroit pas en Europe. On ne connut jamais un peuple auſſi careſſant que celui de ces iſles : le moindre des matelots ſe trouve environné d'une foule d'amis qui lui prodiguent leurs attentions. Le Prince du pays reçoit Cook dans ſes bras , le ſerre ſur ſon ſein comme un frere qu'il n'auroit pas vu depuis longues années ; & pour mettre le ſceau à la tendreſſe , il change de nom avec lui ; uſage ſingulier pour nous , qui ne connoiſſons plus le charme de l'heureuſe ſimplicité , mais qui fait éprouver véritablement des ſenſations délicieuſes. Bientôt les chants , les danſes , les jeux de la lutte , les repréſentations dramatiques ſe ſuccedent , & les repas agréables donnés dans un palais ruſtique ou ſous l'ombrage des arbres odoriférans , achevent de porter le raviſſement dans les ames. Scenes charmantes , qui n'échapperoient pas aux pinceaux des Poëtes , ſi ces enfans des Muſes pouvoient les avoir ſous les yeux ! Tous les jours de la vie ſont des jours heureux dans ces iſles où regne par excellence la bonté du cœur humain , où les arts ſont encore plus avancés qu'à Taïti même. Pénétré de reconnoiſſance pour l'accueil généreux qu'on lui fait , Cook les appelle les *iſles*

E

des Amis. Graces à ses travaux, nous en avons les notions les plus étendues.

Cependant le printems est de retour dans les climats tempérés de cet hémisphere. Les jours sans nuit reviennent éclairer les zones froides, les glaces polaires permettent d'entreprendre une nouvelle campagne sur les hautes latitudes. L'ami des sciences ne perd pas de vue son ouvrage, il se dispose à poursuivre de nouveau ses recherches sur ces mers, dont les dangers lui sont devenus familiers.

Une terre isolée dans le vaste Océan Pacifique, l'isle de Pâques découverte par Roggevin, au commencement de ce siecle, est le premier lieu de relâche qu'il doit rencontrer. Il en est à un éloignement de mille lieues ; ce point de comparaison pourra faire connoître la longueur des routes qui lui restent à remplir.

Fertile pour les simples besoins de ses habitans peu nombreux, cette isle offre à la curiosité des Savans, ses statues colossales érigées à la mémoire des morts ; mais le Navigateur qui la visite aujourd'hui, n'y trouve que peu de ressources : il y fait toutes les recherches utiles, & la quitte pour se rendre aux Marquises, isles précieuses par la fertilité du sol, la beauté du

climat & l'aimable simplicité de leurs Peuples. Tout
ce qu'en avoit dit l'infortuné Mendana, qui les découvrit, est confirmé par Cook. Il va de là se rafraî-
chir une seconde fois aux isles de la Société , ainsi
qu'à celles des Amis. Il s'y rend par des routes sur
lesquelles il découvre les trois isles de Palliser, celle
de Palmerstou, l'isle Sauvage , où il est attaqué par
des hommes farouches, & un grand nombre d'autres
terres dont les Peuples sont affables & humains,
comme ceux de l'heureuse Roterdam qui les avoisine.

Transportons-nous sur ce vaste espace qui se rap-
proche des extrémités occidentales de l'Océan Pacifique. Mesurons-en la partie fixée entre le quatorzieme & le vingt-quatrieme degré de latitude australe,
sur deux cents lieues de longitude. Nous y verrons
d'un seul coup-d'œil & sans confusion , les découvertes de l'infatigable Navigateur. Là sont situées ces
isles dont le nombre est si prodigieux, qu'il n'a pu
les visiter toutes, & auxquelles il n'a point imposé
de nom. Ici nous découvrons les isles de l'Aurore,
la Pentecôte, Ambryn, Erronan, Annatan, Erra-
manga, qu'il voit d'une maniere plus étendue. Là se
présentent deux isles plus considérables qu'aucune de
ces dernieres, Mallicolo, Tanna, dont les habitans

sauvages & soupçonneux opposent de si grands obstacles à son débarquement. Ici nous rencontrons la
terre australe du Saint-Esprit, où Quiros aborda le
premier; Cook la visite en détail, il en fait la reconnoissance entiere & ne trouve qu'une isle, en ce
lieu même, où le Navigateur Espagnol croyoit avoir
trouvé une portion du fameux continent austral. Au
sud de ces grouppes nombreux, la nouvelle Calé-
donie aggrandit le cercle de ses découvertes. Moins
fertile que les autres, mais plus recommandable par
la douceur de ses Peuples, elle donnera quelque jour
des produits précieux, s'il faut en croire les signes
de minéraux qui s'y manifestent sur une chaîne de
collines de plus de deux cents lieues de longueur.
Dans ce moment, au moins des avantages assurés se
présentent non loin de là sur l'isle des Pins, qu'il trouve
entiérement couverte de ces bois si rares dans ces
mers, & néanmoins si nécessaires pour la mâture des
vaisseaux. Qu'avons-nous donc à regretter? Cette
multitude étonnante d'isles de toutes les grandeurs,
ne vaut-elle pas mieux qu'un continent, soit par le
nombre infini des ports qu'elles offrent au commerce,
soit par les principaux liens de la navigation qu'elles
promettent de conserver, soit par leur prodigieuse

végétation qui invite les Nations laborieuses à venir y chercher une subsistance qu'elles ne trouvent plus autour de leurs anciens foyers? Que de trésors acquis aux connoissances humaines! Mais aussi combien n'a-t-il pas fallu endurer de fatigues!

Cook voit bien que le but de son expédition n'est pas entiérement rempli, que les recherches ne sont pas épuisées : oubliant dès-lors que les choses les plus nécessaires, & pour les provisions, & pour les agrès de son vaisseau, vont bientôt lui manquer, il ose entreprendre une navigation laborieuse en - dehors du détroit de Magellan, autour du Cap Horn & de la terre des Etats. Il reconnoît avec détail ces dernieres côtes du Nouveau-Monde, & ses observations n'y laissent plus rien à desirer à l'art du Pilote. Il retourne de là, pour la troisieme fois, dans les mers glacées du Sud, c'est-à-dire, dans celles qui appartiennent à l'Océan Atlantique; & c'est ce qui doit achever le tour du globe sur la plus affreuse de toutes les zones. Bravant de nouveau les tempêtes sur ces parages malheureux, sa route le conduit sur une terre assez grande, située sous le cinquante-quatrieme degré de latitude, & qu'il désigne par le nom de Nouvelle-Géorgie. Il n'y trouve d'autre verdure que la mousse qui perce à travers ses neiges éternelles. A quelques degrés plus au sud, il découvre la terre de Sandwich, les isles de Saunders, de la Chandeleur, & enfin la Thulé australe, derniere terre de notre planete, qui montre son aspect effrayant sous les puissances glacées du soixantieme parallele.

Cook doit, en quelque sorte, croiser cette fois le globe d'un pole à l'autre, & sur toutes ses longitudes. Faisons encore un effort pour le suivre. Nous touchons aux derniers prodiges de la navigation. Quand une fois il aura tracé toutes les routes, rien désormais ne pourra plus être cité comme prodige sur les mers éloignées.

A peine quelques mois se sont écoulés depuis son départ, que le flambeau de la guerre s'allume entre sa Patrie & la nôtre. Ce ne seront pas les François qui traiteront en ennemi le Navigateur Philosophe. Louis XVI a connu tout le prix de ses sublimes travaux; il est le premier à faire son éloge, en ordonnant à tous les Capitaines de sa marine, de l'accueillir avec honneur, de respecter ses vaisseaux, de pourvoir à tous ses besoins par-tout où le hasard pourroit le faire rencontrer, tant il est vrai que les Grands-Hommes sont Citoyens de tous les pays, & que la guerre elle-même suspend devant eux ses fureurs.

Depuis plus de deux siecles, les Nations de l'Europe cherchoient à abréger les longueurs de la navigation des Indes. L'espoir flatteur d'y réussir leur faisoit soupçonner, au nord, l'existence d'un lieu de communication entre l'Océan Atlantique & la Mer Pacifique : on s'y trompa. Des expéditions nombreuses furent faites en divers temps sur les côtes orientales du Nouveau-Monde. Nous connoissons les résultats malheureux de la plupart de ces tentatives; nous savons qu'elles furent toutes sans succès. Il restoit à vérifier si la partie nord-ouest n'offriroit pas ce détroit, soit dans le fond des bayes, soit au-dehors des côtes, & c'est le but principal de cette expédition.

L'isle de Noël, terre inhabitée, qui se trouve encore dans la virginité de la nature, est pareillement une nouvelle découverte sous le second parallele de l'hémisphere septentrional; mais une découverte plus importante l'attend sous le vingtieme degré de latitude; c'est ce groupe isolé qu'il appelle les isles de Sandwich. Elles lui présentent sur ces parages un terme de relâche commode pour la campagne pénible qu'il va faire dans les climats élevés au nord. Descendu sur ces terres, on l'accueille avec cette bienveillance qu'ailleurs on lui témoigna si souvent. Il retrouve au milieu d'un Peuple doux & généreux, les mêmes mœurs, les mêmes usages à-peu-près qu'à Taïti, la civilisation en est aussi avancée, la fertilité du sol ne lui cede en rien, & les jeunes beautés parées de plumes & de fleurs, sont peut-être ici plus séduisantes encore, tant la nature imprima sur leurs traits les charmes ineffaçables de l'innocence.

Voyons-le s'approcher de ces côtes que la navigation n'a pas encore reconnues. Victorieux des obstacles jusqu'à la fin, il en suit toutes les sinuosités, il visite tous les golfes, pénetre bien avant dans l'intérieur des terres, en remontant par l'embouchure des fleuves, & fait de fréquentes relâches, soit pour le radoub de ses vaisseaux, soit pour se procurer des provisions, soit pour reconnoître les Peuples : par-tout leur amitié désintéressée s'empresse de l'accueillir. Ils s'approchent avec confiance, dès qu'ils s'apperçoivent qu'on ne vient pas en ennemi. Ils chargent ses chaloupes du produit de leurs chasses & de leur pêches, de leurs provisions d'huiles, de vêtemens commodes & de fourrures précieuses. Ils exercent ses équipages à imiter les cris des bêtes fauves, & à les chasser sous les déguisemens d'un masque qui les trompe. Ils ne leur font pas un mystere de leurs méthodes admirables

pour

pour attirer le poiſſon & pour faire des pêches abon-
dantes ; en un mot, c'eſt parmi ces hommes ſimples
qu'on voit éclater la bonté du cœur humain ; & nous
oſons les appeller ſauvages, parce que, plus près de
la nature que les Nations polies, ils n'ont d'autres
arts que ceux de leurs premiers beſoins..... Ils valent
mieux que nous, avec notre vernis de politeſſe &
nôtre luxe inſolent, ſous leſquels nous maſquons
l'infâme égoïſme qui nous avilit à nos propres regards.
Ajoutons cette vérité humiliante dans nos préceptes
de morale, faiſons taire notre orgueil, & nous nous
cacherons de honte.

Mais ne dérangeons pas l'enchaînement de nos
idées, revenons à notre ſujet. Si Cook, dans ſes recherches multipliées ſur ces côtes, ne rencontre pas
le détroit qui en fait l'objet principal ; il en eſt con-
ſolé par des obſervations intéreſſantes ſur des mœurs
& des productions qui nous étoient juſqu'alors inconnues. Il va de là braver de nouveau toutes les rigueurs
du froid aux approches du pôle. Il s'y rend par ce
fameux détroit du nord, où Behring aborda le premier, & où ſe ſéparent les deux grands continens du
globe. A l'orient ſont les dernieres terres de l'Amérique, où les hommes, juſqu'à préſent, n'ont eu

F

d'autre maître que la bonne nature. A l'occident font les limites de l'Afie, qui font en même temps celles du vafte empire de Catherine II, dont la fage prévoyance s'étend également fur ceux qui environnent la majefté de fon trône, comme fur le pauvre fauvage qui habite ces lieux glacés. Il vifite toutes ces côtes fur les deux continens, & il s'avance en mer ouverte jufqu'à ce qu'ayant atteint le feptante-unieme degré de latitude, il fe trouve arrêté par les glaces. Il en eft au même point de celles qui bornerent fes courfes vers l'autre pôle. Ici elles fe hâtent de fermer le paffage à la navigation, tandis qu'à quelques degrès plus à l'eft, fur l'Océan Atlantique, elles permettent à nos vaiffeaux *baleiniers* de s'élever jufqu'au quatre-vingtieme parallele. En ces lieux d'abandon la faim cruelle qui le pourfuit le force de defcendre fur les plaines glacées pour y chaffer les ours marins. Mais cette chaffe, quelque abondante qu'elle foit, ne lui fournit qu'un aliment déteftable, plus dégoûtant cent fois que les viandes pourries des vieilles provifions.

On diroit qu'une puiffance invifible veut l'empêcher de defcendre fur Owihée, la principale des ifles de Sandwich. Telle eft en effet la fingularité de cet événement, que lors même qu'il touche au rivage,

que les Peuples tranſportés d'amitié lui tendent les
bras, le temps ſe change tout-à-coup, les vents en
fureur le pouſſent au large, la *houle* qui leur ſuccede
comme les courans qui varient leurs directions, ſe
réuniſſent pour l'éloigner de la terre, & qu'il ne vient
à bout de la rejoindre qu'après avoir *battu* la mer pendant quarante-cinq jours, ſans avoir pu la maîtriſer.

L'empreſſement généreux des naturels du pays
éclate alors. Le fils du Roi, Prince d'un caractere doux
& prévenant, arrive à ſes vaiſſeaux avec des proviſions
bien précieuſes dans ces momens pour des hommes
épuiſés de ſouffrances. Il lui annonce l'abſence de ſon
pere, occupé d'une expédition de guerre ſur une iſle voi-
ſine; il le conduit à terre, & lui aſſigne lui-même un lieu
propre pour le radoub des vaiſſeaux. Tous ſes ſujets
ſe montrent jaloux de ſeconder l'affection du jeune
Prince; ils aident volontairement au tranſport des
agrès, ils offrent leurs maiſons aux malades, & pour
nous ſervir des mêmes expreſſions dont on s'eſt ſervi
dans la relation du voyage, jamais Peuple n'exerça
l'hoſpitalité d'une maniere ſi déſintéreſſée & avec tant
de graces. Cook, de ſon côté, n'oublioit rien pour
correſpondre à tant de témoignages d'amitié. Les ca-
reſſes & les préſens qu'il leur prodiguoit, l'attention

qu'il avoit à leur faire donner tous les amusemens qui pouvoient exciter leur surprise, la discipline & le bon ordre qu'il faisoit observer à ses matelots, l'exactitude avec laquelle il faisoit punir ceux qui pouvoient se rendre coupables d'ingratitude envers ces bons Insulaires, tant de preuves réunies de reconnoissances & d'équité acheverent de le faire regarder comme un homme infiniment supérieur aux autres, & par ses qualités personnelles, & par l'étendue de son pouvoir.

Le Roi, de retour de son expédition, paroît sur le rivage, suivi de son armée triomphante. Au milieu de sa flotte, on distingue sa pirogue qui porte les Divinités protectrices; il fait défiler ses guerriers vers le temple où chacun dépose ses armes, & il vient ensuite aux vaisseaux. Il s'approche du chef, lui présente les meilleures productions de l'isle, & après lui avoir exprimé tout ce que son cœur éprouve d'affection, il se prosterne à ses pieds, ainsi que tous les sujets de sa suite. Pénétré de reconnoissance, Cook ne manque pas le lendemain d'aller lui en donner des témoignages éclatans. Le bon Prince le reçoit avec de nouvelles marques d'estime; il fait préparer pour lui le festin de l'hospitalité, & le fait asseoir à la place d'honneur. C'eft-là qu'après lui avoir parlé de tout ce que peuvent lui fuggérer fon amitié & fa curiofité, il le revet d'un manteau magnifique, dont on pare aux jours folemnels la grande Divinité du pays ; il le couronne de feuillages, & le conduit en triomphe jufqu'au temple, aux acclamations de fon Peuple. Un Pontife vénérable le reçoit dans le parvis facré, & lui adreffe une harangue qui, par le ton majeftueux dont elle eft prononcée, étonne l'affemblée augufte quī l'écoute. Alors le prenant par la main, il le fait placer fur l'autel, & fe livrant au fentiment religieux qui le tranfporte, il lui rend les honneurs divins. Eh ! ne penfez pas que ce fage connût le fens de la cérémonie dont il étoit l'objet, où qu'il s'y prêtât avec quelque complaifance fecrette ? Qui plus que lui fut ennemi de l'oftentation ? Il ne voyoit dans cette fête que des marques de deférence, des honneurs politiques auxquels il croyoit ne pouvoir décemment fe dérober, & fon cœur fouffroit dans les plus beaux momens de fon triomphe. SOYEZ NOTRE GÉNIE TUTÉLAIRE, lui dit le Roi dans une hymne qu'il entonne à fa gloire. RÉGNEZ SUR NOUS, ADMIRABLE ÉTRANGER ! .... CE TEMPLE VOUS APPARTIENDRA DÉSORMAIS, ET IL N'AURA D'AUTRE MAÎTRE QUE VOUS, SOYEZ NOTRE GÉNIE

TUTÉLAIRE ..... SOYEZ NOTRE GRANDE DIVINITÉ..... Et le Peuple proſterné comme ſon Roi, répétoit en chœur ces paroles ſacrées. Témoins des honneurs ſuprêmes qu'on rend à leur Commandant, les équipages des deux vaiſſeaux, entraînés par les preſtiges de leur étonnement, ſe mêlant aux acclamations générales, partagent tous les tranſports des Inſulaires. On le ramène enſuite avec la même ſolemnité, on ſe proſterne ſur ſon paſſage ; enfin, ce beau jour eſt terminé par des chants de réjouiſſance, des fêtes dramatiques, & ces honneurs ne ſont plus interrompus juſqu'au moment de ſon départ.

Ce jour arrive : les malades ſont rétablis, les vaiſſeaux ſont *radoubés*, & les proviſions embarquées. Il faut partir : on diroit que cette ſéparation eſt devenue une calamité pour l'iſle entiére. Les habitans rendus en foule ſur le rivage, fixent triſtement leurs regards ſur les vaiſſeaux qui s'éloignent. Les femmes ſe lamentent, les enfans dans les pleurs, rempliſſent l'air de leurs gémiſſemens. Ils appellent, ils redemandent le mortel qu'ils adorent ; ils ſemblent lui faire un reproche de ce qu'il abandonne les autels qu'ils lui ont élevés. Cependant le temps change, le vent contraire *ſe met*, une tempête affreuſe l'arrête dans ſa route, & bientôt on se croit fort heureux de pouvoir regagner le port. On ne peut exprimer la joie que causa ce retour parmi les Insulaires. Mais, hélas! quelle fut de courte durée, & que leurs dispositions hospitalieres furent bientôt changées. Deux jours se font à peine écoulés, que le sentiment de la haine succede à celui de la plus douce amitié. Quel en est le sujet? Soupçonneroient-ils quelque perfidie de la part de ces étrangers qui reviennent chez eux pour la troisieme fois? Penseroient-ils que le ciel courroucé les poursuit sur les mers pour les punir de quelque crime? Verroient-ils en eux des hommes insatiables qui ne sauroient se contenter de tous les biens qu'on leur prodigue? C'est ce qu'on n'a pu pénétrer & ce qu'on ne sauroit comprendre. Quoi qu'il en soit, la communication est interrompue, l'indifférence est peinte sur tous les visages; on s'apperçoit de quelques préparatifs sur un côteau voisin du mouillage; des pirogues armées viennent par fois faire le tour des vaisseaux; on reconnoît des signes non équivoques de méchantes dispositions; on entend les femmes parler confusément d'une attaque prochaine; on commet plusieurs vols, la chaloupe est enlevée, les menaces sont réitérées : on insulte avec audace, & les choses en sont à un tel point, que pour ne pas en venir à de fâcheuses extrémités, Cook est obligé de descendre à terre avec une escorte de sûreté, pour demander au Roi de faire cesser des violences si peu méritées. On le reçoit avec respect, mais non sans la plus grande réserve. Il expose ses plaintes, & finit par proposer au Roi de vouloir bien se rendre à bord de son vaisseau, afin que sa présence pût en imposer aux séditieux : proposition fatale & peut-être un peu trop hasardée ! Le Roi consent à sa demande, il le suit ; mais à peine est-il arrivé sur le rivage, que ses guerriers levent les armes. On nous enleve notre Roi, s'écrient-ils, & dans le même instant ils attaquent avec fureur. Une nuée de fleches, de pierres & de javelots tombe sur la garde de Cook. Il voit périr quelques-uns de ses soldats dans la mêlée, les autres font un feu continuel de leurs armes, lui-même est obligé de se défendre, tant il est pressé par la foule ; & tandis qu'il couche en joue un malheureux qui venoit fondre sur lui, pouvons-nous le dire sans frémir ? ..... Inutiles regrets ! l'heure fatale est arrivée, les décrets éternels sont prononcés, ils sont irrévocables. Le sauvage guerrier l'approche par derriere, s'élance en agitant sa terrible massue, & le frappe d'un coup mortel. Il tombe le visage contre terre,

&

& le crâne fracaffé, on lui plonge un large couteau dans les reins, & il refte fans mouvement. C'en eft fait! il eft tombé pour ne plus fe relever, il a fermé les yeux à la lumiere, & l'Angleterre ne le reverra plus. Environné d'ombres funebres, Cook eft defcendu chez les morts, & le quatorzieme jour de Février de l'an mil fept cent foixante-dix-neuf, a été le dernier de fes jours..... Jour funefte! jour trop funefte, qui s'eft confondu dans l'abîme des deftinées malheureufes!..... Amis! très-chers amis de la vertu! repréfentez - vous cette fcene de défolation ; repréfentez-vous le corps pâle & fanglant de ce mortel refpectable, enlevé malgré le carnage d'une vengeance légitime, entraîné dans l'obfcurité des bois, dépecé par morceaux, & dévoré par fes meurtriers dans un feftin de réjouiffance.

Ainfi finit fa brillante carriere, le plus hardi, le plus entreprenant de tous les navigateurs, le fage, l'immortel Cook, l'honneur de l'Angleterre, qui fe glorifiera éternellement de lui avoir donné le jour. Il fut grand en tout, & plus même par l'excellence de fon ame que par l'étendue de fes travaux. Si fon nom vient d'illuftrer les annales de la navigation, fi en ouvrant les tables immortelles de fes voyages, vous

G

êtes effrayé du nombre prodigieux de routes qu'il a faites, fuivez toutes les circonftances des événemens, vous verrez briller par-tout la fenfibilité de fon cœur généreux. Avec quelles follicitudes ne veilla-t-il pas fur la fanté de fes matelots! Avec quelle tendreffe n'aima-t-il pas ces bons Taïtiens, qui s'embarquerent avec lui à chaque époque de fes relâches! Quelle douleur ne lui caufa pas la fin malheureufe du fage & religieux Tupia? Quelle bonté paternelle n'eut-il pas pour la jeune Œdidée & le foible Omaï? De quelles larmes n'honora-t-il pas la mémoire du bon Roi Orée, lorfqu'il apprit à Hüaheïne la mort de ce vénérable vieillard, pour lequel il confervoit l'amitié la plus tendre? Et nonobftant cette bonté de caractere, quelle fageffe dans fes mœurs! quelle régularité dans fa conduite! L'auftérité de fes principes étoit empreinte fur tous les traits de fon vifage, elle éclatoit dans cet air noble & réfléchi qui lui concilioit le refpect dès la premiere fois qu'on le voyoit. Mais, n'eût-il pas été doué de tant de belles qualités, il mériteroit nos éloges, quand il n'auroit reçu de la nature que cet efprit obfervateur auquel nous devons cet ouvrage précieux fur la fanté des gens de mer, fruit d'une longue expérience qui lui valut la couronne académique de fa Patrie. A ces titres, nous pouvons dire qu'il a fourni fa carriere avec cette intrépidité d'ame, avec cette étendue de génie qui caractérifent tout-à-la-fois & l'habile Navigateur & le vrai Philofophe. Il a laiffé des traces de fa gloire fur tous les points du globe : on ne pourra déformais faire un pas fur les mers éloignées, fans qu'on fe dife : Cook détermina la fituation de ces lieux, Cook traverfa ces parages, Cook vifita ces contrées. Déjà les Peuples reconnoiffans de la Mer Pacifique béniffent fa mémoire, en apprenant à leurs enfans que ce fut lui qui augmenta les reffources de leur fubfiftance. Ses équipages, dont il étoit le pere, la béniffent encore; & quand un jour les marins de toutes les Nations auront adopté fes méthodes pour prévenir les maladies de la mer, ils la béniront à leur tour. Tel a été ce digne Anglois, telle a été la trempe de fon ame, qu'il fit confifter fon bonheur à travailler pour le bonheur de fes femblables, & qu'il a fait du bien à fon fiecle comme aux générations futures..... Hélas ! tant de travaux & de foucis, tant de fatigues & de peines, tant de bienfaits & de vertus devoient - ils être terminés par la mort la plus malheureufe ? Qui l'auroit dit, qu'après avoir navigué pendant neuf ans fur toutes les mers dans les trois feules expéditions où nous l'avons fuivi, qu'après avoir parcouru des millions de lieues fur l'élément perfide, qu'après avoir franchi les écueils *inapperçus* dans les momens les plus défefpérés, qu'après avoir affronté les glaces innombrables des deux pôles, qu'après avoir réfifté à l'intempérie des faifons, à la variété des climats; qu'après avoir été mille & mille fois environné des feux menaçans du tonnerre, battu des vents en fureur, abîmé fous les vagues bouleverfées, accablé de fatigues, affoibli par les maladies; qu'après avoir échappé, en un mot, à tous les périls qu'on puiffe imaginer, qui l'auroit dit qu'il mourroit de la main d'un fauvage! ..... O inftabilité des chofes humaines! O fragilité de la vie! O deftinée incompréhenfible! Eft-ce donc pour nous être enlevés après un court intervalle de poffeffion, que le ciel nous envoie ces hommes rares dont l'exiftence toute entiere eft marquée par des bienfaits? Ils fe montrent pendant quelques inftans à l'univers, & ils s'éclipfent prefqu'auffi-tôt: femblables & parfaitement femblables à ces étoiles radieufes qui répandent pour un certain temps leur lumiere éclatante, & qui, dans une belle nuit, au grand étonnement de l'Aftronome obfervateur, difparoiffent & s'enfoncent dans l'immenſité des cieux, pour ne jamais plus revenir. Ainſi a diſparu de ce monde l'immortel Cook.

Elevons-nous aux grandes vues : formons le ſublime projet de rendre les hommes heureux. Les travaux de Cook vont amener un nouvel ordre de choſes, ils vont faire changer de face à l'univers ; ne ſerions-nous pas faits pour être les premiers moteurs du grand événement qui peut éterniſer le bruit de notre renommée ? Les iſles nombreuſes de la Mer Pacifique nous offrent leurs terres fertiles, & leurs Peuples intéreſſans nous invitent comme des freres qui veulent ſe réunir à la famille univerſelle. Faiſons ſuccéder l'héroïſme de la paix à la fureur des combats, & commençons à jouir de nos biens. Qu'attendrions - nous pour préparer nos établiſſemens ſur des terres deſtinées par la nature à joindre le commerce des deux hémiſpheres ? La navigation n'a-t-elle pas achevé ſa tâche ? Il eſt temps d'en recueillir les fruits : mais que rien de cela ne s'accompliſſe jamais, ſi ce ne doit pas être ſous les auſpices de la philoſophie & de la vertu ! Loin de ces nobles entrepriſes ces hommes ſanguinaires, ces Adminiſtrateurs inſatiables & corrompus, qui ſe baignent dans les larmes des malheureux ! loin de nous ces déteſtables ſpoliateurs ! ..... Puiſſions-nous, au contraire, puissions-nous voir partir bientôt des hommes semblables à un Penn, semblables à tant d'autres qui n'attendent pour récompense qu'un seul regard du ciel, qui ont assez de grandeur d'ame pour affronter tous les hasards au milieu des forêts, pour courir après les Nations errantes, leur communiquer les lumieres de l'éternelle sagesse, & leur faire goûter les douceurs de la société. Ames véritablement héroïques, qui cherchent les périls sans témoins! Ouvriers infatigables dans leurs travaux, esprits ornés des précieuses connoissances des arts! eux seuls méritent d'être les précurseurs & les chefs des grandes migrations, quand on voudra poser sur des bases solides des établissemens lointains. Rappellons-nous que sous les drapeaux de la vertu, les Princes ont acquis plus de Sujets fideles, plus de riches domaines, que par les conquêtes les plus éclatantes..... O France aimable! O Angleterre généreuse! vous êtes appellées à devenir les bienfaitrices de tous les Peuples de l'univers : hâtez - vous d'entreprendre ce grand ouvrage, qui sera celui de vos brillantes prospérités : hâtez-vous de fonder une nouvelle Tyr, une nouvelle Memphis, une nouvelle Carthage, qui puissent attirer les flottes de tous les climats par leur opulente induftrie ; alors on verra circuler fur la furface entiere du globe , l'aménité des arts , les tréfors du commerce & les vertus confervatrices du bonheur ; alors tous les humains devenus freres, éleveront les mains au ciel en célébrant l'alliance des deux Nations libératrices , & leurs chants folemnels exalteront jufqu'à la poftérité la plus reculée, les regnes glorieux de Louis XVI & de Georges III.

Mais il faut , avant tout , fatisfaire au devoir de la reconnoiffance envers le généreux navigateur à qui nous devrons de fi grands avantages. Que l'ifle d'Owihée , cette ifle , hélas! malheureufement trop fameufe par la fin déplorable de ce Grand-Homme ; que cette ifle fe montre la premiere comme une Reine bienfaifante qui reçoit tous les humains fous le toît de l'hofpitalité ! Qu'un monument digne de celui qui la découvrit, s'éleve bientôt avec majefté fur ce même rivage où il perdit la vie ! A peine le cifeau des arts l'aura-t-il achevé, qu'un tendre fouvenir remuera l'ame fenfible de l'étranger qui defcendra fur cette terre. Conduit par fes penfées mélancoliques, il contemplera le marbre funebre , & des larmes paifibles couleront de fes yeux quand il lira ces mots :

Ici mourut Cook. Il fut massacré par ceux même

QUI LUI DRESSERENT DES AUTELS. ARRÊTE-TOI, NAVIGATEUR : REGRETTE, PLEURE, ADMIRE TON MODELE LE PLUS PARFAIT..... LIVRE TON AME AUX MAGNANIMES SENTIMENS DONT LA SIENNE FUT PÉNÉTRÉE. EMBRASE-TOI DES NOBLES FLAMMES DE LA GLOIRE, ET TU ENVIERAS PEUT-ÊTRE TOUTES LES RIGUEURS DE SON SORT. IL NE REÇUT PAS, IL EST VRAI, LES RÉCOMPENSES QUE LUI PRÉPAROIT SA PATRIE, MAIS LE MONDE ENTIER L'A PLEURÉ..... SA MÉMOIRE EST VIVANTE PARMI LES HOMMES VERTUEUX, ET SON NOM A JAMAIS CÉLEBRE EST ÉCRIT DANS LES FASTES DE L'IMMORTALITÉ.

F I N.

AVERTISSEMENT

TRÈS-ESSENTIEL.

Pendant les intervalles que l'empire des circons[illegible] tances nous ont forcé de mettre à livrer la suite de notre Ouvrage, des Spéculateurs littéraires, des gens honnêtes (comme la grève doit en être [illegible] lorsque la justice fait son devoir) [illegible] propos de contrefaire notre Ouvrage, [illegible] chez nombre de nos Souscripteurs [illegible] qu'ils avoient déjà, & d'autres dont ils [illegible] bien [illegible] [illegible] qu'il est en nous, contre une pareille [illegible] nous nous en sommes plaint ; [illegible] liberté, on n'appaise encore le [illegible] trop haut lorsqu'on est volé.

C'est le sieur [illegible], qui livre le [illegible] verselle depuis plus de trois ans, [illegible] homme de confiance ; tous ceux qui [illegible] notre nom font des trompés, que [illegible] gibet de l'opinion publique.